SAUVÉS PAR L'ART

Sérgio Júnior

SAUVÉS PAR

L'ART

Soit loué, la personne qui, par son don ou sacrifice, a reçu le pouvoir transcendantal de pouvoir se connecter avec les autres à travers de l'art, sur ce plan et dans ce processus complexe de connaissance de soi collective.

Sérgio Júnior

L'auteur tient à remercier l'association IEME pour son soutien financier et culturel à la réalisation de cet ouvrage.

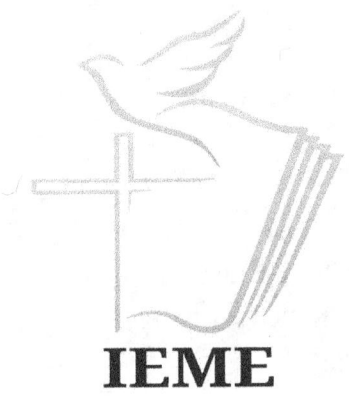

IEME

Tableau

À mes parents, Sérgio et Dilma, sans vous rien de tout cela ne serait possible, vous serez toujours dans mes pensées...

SAUVÉS PAR L'ART

Introduction

La sensibilité n'est certainement pas la langue la plus vantée de ce siècle, ce qui m'incite encore plus à l'utiliser à bon escient. Normalement, je ne suis pas vraiment fan du commun, du banal ou du trivial.

Ainsi, Sauvés par l'Art, n'est pas à la mode, en fait, c'est une réponse péremptoire au monde nouveau et empoisonné, c'est une belle ironie du contenu et des tons similaires. Par conséquent, cela représente également un défi pour mes lecteurs, pour développer et faire évoluer ma perception de la vie.

Conscient des défis présentés, et de la nécessité de la transition nécessaire pour en comprendre le sens de ce livre. Je vous invite à méditer entre les lignes du texte et à naviguer à travers les pilules de clarification, exposées dans cette vitrine. Embarquons ensemble dans ce voyage littéraire pour encourager l'art et la culture. Nous nous rencontrons là-bas, sur une scène ou dans une ruelle, comme celle de la vie.

À bientôt.

EN SORTANT DE LA MAISON

Il était environ seize heures, quand je quittais la maison, juste pour maintenir mon habitude de boire un café au centre-ville. Vous savez, il y a certaines habitudes que nous devons toujours nourrir, c'est tout comme la foi, si on ne cultive pas, c'est mort.

En arrivant au centre-ville, j'ai réalisé que mes sandales avaient été changées sur mon pied. En effet, une sandale, c'était la mienne, mais l'autre était celle de ma femme. Embarrassé, j'ai cherché un endroit pour me cacher et réfléchir à quoi faire. J'ai pensé : "si un ami me voit comme ça, que dirait-il ?"

Dire que j'avais tort ne serait pas une bonne alternative, car j'étais toujours connu pour avoir une mémoire vive. J'ai erré au coin de la rue, essayant d'éviter les bars familiers, j'ai mis la capuche de ma veste sur ma tête et j'ai fait une marche impuissante.

J'ai réussi à passer toute la rue sans être remarqué. J'ai même pensé rentrer chez moi, mais je trouverais peut-être quelqu'un, c'est sûr, puisque cette fois-ci, je ne voulais pas conduire, donc, je ne suis pas sorti en voiture, j'ai pris le bus puis le train.

Alors, j'ai eu l'idée de jeter la sandale à la dérobée, c'était décidé, il fallait juste trouver l'endroit exact, un coin, caché.

Je suis entré dans la Rua Alcântara, au coin du musée, où, il y avait des touristes qui prenaient des photos, mais personne ne s'en est rendu compte de ma présence. Devant la galerie du port, célèbre pour son vin, nombre d'entre eux donnaient du maïs aux pigeons, distrayant les petits garçons. (Ils étaient ma plus grande terreur), ils ne portent pas de masques et ils se moquent de tout. Par contre, ils étaient si occupés qu'ils n'ont même pas regardé dans ma direction.

AU THÉÂTRE

Au centre de la place, la grande horloge en chiffres romains marquait cinq heures vingt-quatre. De l'autre côté, une énorme porte vernie, d'architecture antique et baroque, était le théâtre le plus illustre.

Et c'est comme ça que j'ai pensé pouvoir me délivrer de mon dilemme et me cacher là-bas, vu qu' il n'avait pas de spectacle ce jour-là, et il n'y avait pas non plus de caméras qui pouvaient me voir. Avec une marche simulée de démence que j'ai créé ce jour, j'ai réussi à traverser, avec une prodigieuse efficacité. Alors, j'ai monté les huit marches de l'escalier et, faisant semblant d'être aussi un touriste, j'ai regardé moi-même les affiches sur le mur. Et d'un coup, comme si je savais, j'ai poussé un peu la porte du théâtre, elle s'est ouverte sans faire aucun bruit. Alors, je suis entré, en regardant en arrière, j'étais méfiant, c'était beaucoup de chance.

Les chaises étaient toutes vides, les lumières étaient éteintes. En fait, je ne connaissais rien de ce qu'il avait au théâtre, c'était ma première entrée. J'ai reculé rapidement et un peu effrayé, ma respiration était accélérée, une dame qui est passée devant la scène, a pris des papiers et est retournée vers l'autre côté.

Elle, cette dame, portait une robe bleu foncé, ses cheveux étaient tressés et elle ressemblait à une institutrice. Je me sentais comme un garçon espiègle qui saute par-dessus le mur et vole des fruits dans le jardin de quelqu'un d'autre. J'ai osé aller vers la scène avec laquelle la dame est apparue, j'ai trébuché sur une chaise, ça a fait un petit bruit, mon cœur a tremblé. J'ai entendu des voix à l'extérieur, quelqu'un a regardé une affiche et l'a lu à haute voix, c'était une voix masculine, mais il n'était pas aussi fou que moi.

Je me suis assis et j'ai fait la tête de quelqu'un (curieux) qui voulait savoir quelque chose, mais personne n'est apparu, la voix que j'écoute en train de lire a vite disparu, alors j'ai rompu le caractère, j'ai enlevé les deux sandales changées et j'ai suivi mon instinct d'enfant, que j'ai découvert n'avait pas encore éteint.

Et je me suis senti très content que ce sentiment n'avait pas disparu de mon esprit, même si parfois, je dois demander pardon pour les bêtises que j'ai faites, et ainsi, ce genre d'enfance de dire "oui", est-elle bien meilleure que la maturité de tout temps dire "non", n'est pas ?

Eh bien, au lieu de sortir et de laisser mes sandales scandaleuses à l'intérieur et m'éloigner, j'ai été séduit par la tentation, quand j'ai entendu dehors la cloche de la sainte église, qui a retenti, l'effrayant, signalant qu'il était dix-huit heures.

Il était temps de prier l'Ave Maria, ce que, en allant à l'église, quand j'étais enfant, en tant que catholique, je n'ai jamais appris. Lorsque la cloche a sonné, je me suis dit, si je n'avais pas dormi ce jour-là après le repas de midi, peut-être, je ne serais pas sorti de la maison comme ça, pressé, je n'aurais pas ce genre de souci. En tout cas, j'avais l'impression que cela, c'était quelque chose que de toute façon, j'allais vivre. Je ne sais pas, mais c'était un pressage.

J'avais vraiment peur, j'entrais au théâtre sans y être invité sans savoir ce que ça donnerait. Profitant des très faibles lumières, et de la journée qui se terminait déjà, je me suis absolument dirigé vers le lieu de la présentation. Il y avait deux petites échelles, chacune à une extrémité de la plate-forme. J'ai me tournais vers l'entrée et quel bonheur ! Une belle galerie, la beauté, c'était flagrant, naturellement. Je suis monté du côté gauche, j'avais l'air ravi, parce que comme ça, si quelqu'un entrait et me voyait, mon acte de curiosité serait peut-être justifié.

LA VISION

Il y avait cinq marches couvertes d'un doux tapis rouge, comme j'étais pieds nus, je me sentais très béni. Je suis resté là pendant environ cinq ou dix minutes, honnêtement, je ne sais pas avec certitude. Je me levais et me retournais en levant les yeux, me sentant et m'imaginant parmi la foule. Franchement, je rêve.

La vue de la scène vers le public était magnifique, même si elle était vide. Ma vie, dont je sentais qu'elle était déjà pleine et réalisée, avec cette aventure fantastique, je me suis rendu compte que je n'ai rien profité. Je n'avais jamais rien vécu de telle profonde. Quelle était la vie que je menais ? Je me suis demandé.

Dans un élan d'adolescent, dans une rébellion justifiée, sortir prendre un café, ce que j'ai toujours fait, m'a donné une nouvelle opportunité, c'était tout ou rien ce jour-là.

Inspiré et audacieux, j'ai remarqué par terre, à l'extérieur du rideau, un lacet de fille. Quelle ne fut pas ma surprise, quand j'ai soulevé le tissu, j'avais des chaussures, des sacs et même une sandale comme la mienne que j'ai trouvée.

C'étaient les chaussures d'étudiants qui étaient certainement là. Il y avait un placard tout au fond où ils gardaient d'autres choses. Il y avait de tout, de la nourriture et des boissons, un frigo et même de la vaisselle, j'étais impressionné, je ne pensais pas qu'il pouvait y avoir ça dans un théâtre.

Le plus impressionnant, c'est que les choses que j'ai vu ce jour m'ont fait oublier que je n'étais pas invité. Il y avait un panneau qui disait : "**Uniquement personnel autorisé**".

Et moi, engourdi par la grandeur du lieu, j'ai voulu en connaître toutes les beautés et je me suis arrêté pour regarder.

Là, en haut, la sandale qui pourrait faire de moi une paire, me transmettait un message mystique, comme si en fait, c'était ma place. C'était comme si le ciel voulait me révéler que j'avais vécu toute ma vie sans m'épanouir, justement parce que j'avais choisi une autre voie à suivre.

Cette sensation m'était étrange, mais elle semblait communiquer avec moi, en même temps que je ressentais, à ma place et dans mon abri, je ressentais aussi la peur de l'inconnu. Peu à peu, j'ai commencé à me sentir chez moi et à ne plus rien craindre, jusqu'au bruit d'une porte qui se referme. Ce n'était pas à cet étage, au rez-de-chaussée, ni dans la galerie du premier étage, c'était quelqu'un au sous-sol, quittant une chambre et allant aux toilettes.

Je me suis caché dans le coin pour regarder et voilà, il y avait un jeune homme qui sortait de la salle de bain en fermant son pantalon boutonné. Il était mince, grand et blanc, vêtu d'une chemise bleu foncé comme la robe de la fille que j'avais vue. Je descendis l'escalier et je me suis allé jusqu'en bas, vers une salle de réunion, sur la porte, il y avait une affiche qui demandait le silence, au-dessus d'une croix du Christ.

C'était un sous-sol, et la chose la plus chouette que j'aie jamais vue, la pièce était fermée, mais il y avait l'écho d'une chanson que j'ai entendue. C'était une sorte de chœur, un opéra, à plusieurs voix, comme une répétition. L'intensité de la musique, c'était fort, comme celle d'une femme enceinte luttant pour accoucher qui est suivi d'une inexplicable joie quand elle regarde son bébé par la première fois. C'était comme ça le son, ça montait très fort et d'un coup ça descendait, j'entendais les instruments, même la mélodie, mais le sens, les paroles, je ne comprenais rien.

Alors, je me suis approché et je me suis tenu devant la porte de la salle de bain, de sorte que si quelqu'un apparaissait, j'entrerais rapidement aux toilettes.

LA CHANSON

Alors, moi laïc, homme très simple, de dur labeur et de foyer, qui est juste sorti pour voir des amis et ne fait que boire un café, j'ai été pris d'un étonnement soudain quand j'ai pu commencer à comprendre de qui parlait la chanson. Aucune vie en dehors de cette salle ne pouvait enseigner, ce que cette chanson chantait :

« Alors, expliquez-moi comment dire à ceux qui vont payer le ticket d'entrée, que dans cette vie, on ne commet pas de crimes, mais quand même, nous sommes des criminels avoués ?

Comment dire à tous ceux qui entrent dans ce bâtiment à quel point notre vie est difficile. Si nous leur racontons nos difficultés, ils se moqueront de nous et nous calomnient en ville. Ils se trompent avec nos vêtements et nos voix, ils aiment nos jeux de lumière, ils sont comme ces hommes qui ont applaudi Jésus une semaine et lui crucifient la semaine suivante. L'homme qui a guéri l'aveugle sur le chemin, qui avait tant d'amis, mais à la fin, il était seul.

Si l'on raconte toutes les douleurs qui sont présentes dans chaque mélodie de notre chanson, ils ne reviendraient jamais ici pour revoir notre mise en scène. Si le pasteur et le prêtre pourraient partager par rapport la manque de motivation, de devoir aller presque obligatoirement à la messe tous les dimanches, pour enseigner le sermon, servir la messe et l'hostie, et puis saluer tous les gens comme un frère, et même si quelqu'un se fâche contre lui, il devrait contrôler sa haine et libérer le pardon.

Ouais, il faut être un homme bon, parler d'un bon ton, ne peut être qu'un cadeau. Le cadeau de souffrir pour une autre personne, sacrifier des jours, même des nuits, mais parfois, recevoir comme paiement l'ingratitude, ce qui rend le cœur brisé. Juste pour garder l'éclat du leader et maintenir le dos ferme. Tenir les épaules plates même en étant triste, mais rendre les vies des autres un peu plus heureuses, tout ça pour transmettre cet amour du Christ.

C'est ainsi que vit l'équilibriste, sur la corde raide, sous le regard admiratif des petits et des grands. Mais avant la jonglerie publique, les doutes et les angoisses qui l'assaillent dans le noir.

L'émotion se durcit et le cœur devient plus dur. Ils voyagent pendant que les applaudissements résonnent, leurs esprits s'envolent alors, et parfois, ils semblent être loin, et en fait, ils sont loin de là, de ce mirage, de cette ville, de leur père et de leur frère.

Ce mantra écœurant, « public respectable », annonce la millième pirouette, qui se répète et perd sa grâce, au milieu de la fumée, l'émotion qu'il avait au début est diminuée jour après jour. La fatigue n'est pas seulement physique, elle est aussi émotionnelle et psychologique.

Comme un taureau pris de force, pour être déchiré en morceaux et nourrit une multitude, les héros au nez peint essaient à nouveau d'être drôle et de cacher la dépression.

C'est juste que l'artiste a du talent et le don est une évasion pour résoudre ses propres conflits. Mais il arrive un certain moment où le sentiment authentique lui échappe au travers d'un cri. Cri que personne n'entend, ou personne n'a un tel courage, de voir derrière la beauté. Pour la majorité des gens, une telle douleur et une telle tristesse, cela ne peut être qu'une imagination non-sens.

Comme ? Jamais ! C'est impossible, il a un don terrible, et si c'est le cas, ce n'est qu'une phase. Seuls ceux qui vivent l'art comprennent ces paroles, ce chant et cette mélodie sur lesquels repose un don divin. Et encore une fois, une autre nuit transformée en jour, c'est la dame de la fantaisie maquillée par la joie. Du maquillage blanc, un chapeau assorti à la tenue et un petit enfant complète la scène.

Si, en entrant, le spectateur y pensait, il aurait pitié du clown. Ces rires et culbutes qui font oublier aux petits et aux grands leurs problèmes, ce ne sont que des scènes montées, dont si je disais tout ce que je sais, le poème serait triste.

Cette classe différente, qui n'est parfois jamais allée à l'école, prend des risques et ne se brûle pas, saute, se couche et roule. Tout cela pour susciter des sourires, des jubilations, des applaudissements et à la fin, un peu d'argent. Tout ça pour contorsionner tout le corps comme si c'était un ressort et jongler avec des bâtons, des animaux, de la poudre à canon et une balle.

Ces producteurs de divertissement gagnent leur pain et leur poisson, mais dans les coulisses, qui sont-ils en vraie ?

C'est en effet un office sacré, le véritable sacrifice qui change le jour et la nuit du village.

C'est la folie en dehors de l'asile de fous, étant en fait un bienfait, qui anime d'autres âmes . Cette chanson simple vise à expliquer à qui veut vraiment comprendre. Que se passe-t-il dans le cœur de ceux qui ont cette mission et ne veulent pas y retourner ?

Faire face à de telles difficultés et insister sur cette rage, que personne ne sait comment elle se termine. Comme un beau garçon, mais dont l'âme est un marteau, ce qui blesse le cœur de la fille rêveuse. "

Puis j'ai vu les voix s'arrêter et des pas des gens qui se dirigeaient vers la porte.

Les secrets de chaque artiste

J'entrai rapidement dans les toilettes des hommes et m'enfermai. J'ai pu entendre de profonds sanglots et cela devenait de plus en plus fort alors que quelqu'un entrait dans la chambre des dames - elle était faite de matériaux non isolés — et on pouvait entendre le bruit à côté.

Il me semblait que la dernière partie de la chanson, parlant d'un cœur blessé, avait ouvert la boîte de l'amour de longue date de la personne dans les toilettes. Elle a dit, je ne sais pas si pour elle-même ou au téléphone, mais c'était une femme :

"Et maintenant, qu'est-ce que je fais, quand je répète ces étapes, je ne me souviens que de cet homme ?"

J'ai entendu un bruit de tête contre le mur (comme si quelqu'un s'appuyait sur le dos), continua-t-elle à demander et ses larmes se maîtrisèrent, mais je n'entendais aucune voix qui répondait. J'étais tenté de frapper à la porte et offrir un soutien ou demander si elle était bien. Mais j'ai n'étais pas censé être là-bas et aussi après quelques secondes, tout est devenu silencieux et elle est restée sans voix.

J'ai m'aperçut alors que la vie d'artiste est la beauté, mais aussi un traumatisme, est la douleur et en même temps l'espoir. Ce comme des larmes n'ont pas séché de l'enfant le plus naïf. Ce sont certains mots qui on apprend tardivement et qui ont n'arrive pas à bien prononcer.

Ça fait mal aujourd'hui et l'âme saignera encore demain, c'est la gloire, mais aussi des blessures. Par contre, les artistes, ce sont des experts pour détruire cette réalité de la vie, ce cruel mur de ciment. Ils essaient de traduire ce sentiment inexplicable par les mots que nous connaissons, à travers de l'expression artistique et humaine.

La porte de la salle de bain s'est ouverte lentement et la voix qui pleurait à l'intérieur a disparu, ou peut-être s'est cachée dans le bruit de l'eau qui sortait du robinet. Elle s'est lavée son visage et a contrôlé sa tristesse, puis a secoué ses cheveux, et moi, par le trou de la serrure, je l'ai vue. C'était bien la maîtresse en robe bleue, se gargarisant d'eau et la recrachant. Elle a fait un dernier exercice de respiration en reprenant son souffle et a lâché ses cheveux. Elle a éteint la lumière et est partie. Ce que me laissant stupéfait, c'était la beauté de cette femme, combinée à la voix incroyable que j'avais entendue.

Cela ne cessait de perturber mes pensées : combien elle aurait pu déjà souffrir ?

J'ai ouvert la porte lentement, et j'ai encore écouté devant l'entrée de l'enclos, je n'ai pas pu résister, et j'ai regardé par le trou de la serrure, ils ont applaudi la maîtresse avec effusion, comme quand les poussins vont à la poule. Ils l'ont embrassé, c'était un orchestre symphonique, j'en voyais environ vingt-cinq ou trente, il avait beaucoup d'instruments et de voix, une musique que je croyais déjà éteinte. Elle, la dame, se montrant forte, a dit aux élèves de reprendre la chanson là où elle l'avait laissée.

On pouvait voir l'appréhension sur les visages des élèves, à cause de ce qui s'était passé, ils avaient un peu peur. Mais dans un esprit magique d'union, chacun prit position et la demande fut acceptée.

La chanson continuait :

"Et que deviendrons-nous si un autre beau garçon ne rêvait pas de jouer du violon ? Si dès son plus jeune âge il ne faisait pas d'efforts et n'écoutait pas des choses douloureuses, pour qu'aujourd'hui, nous écoutions des symphonies ?

C'est un ami, la mélodie et la partition, qui apporte la paix et guérit l'âme des autres. Malgré la force apparente, chez le garçon ou la fille à l'expression confiante, la douceur et la candeur viennent d'un feu qui rendait l'âme pure dans le froid du marbre dur. Alors que le bâton passe au-dessus des cordes et que les yeux se ferment automatiquement, l'ambition d'être heureux n'a plus d'importance, il touche l'âme et le bon se réveille, le cadenas est brisé. Et le son de la symphonie qui amène l'esprit au repos, en même temps, remplit l'âme de joie, et de paix est l'attitude.

Comme quand on s'aimait et qu'un ami à nos côtés comprenait la sollicitude, comme en été la chaleur sur la peau vibrante d'amour, refroidie dans l'eau. Cela peut sembler être des apogées, mais ne vous méprenez pas, mon amour, c'est de la tristesse, pas de la plénitude. Sur ce chemin qui ressemble au ciel, mais personne ne se nourrit de la foi, ce n'est que de la brièveté et la finitude. Je sais, cela parait un peu paradoxal, comme si le bien était le mal, mais ici, ceux qui veulent la paix se battent et prennent soin d'eux-mêmes. Car, s'il s'agit d'un plaisir mutuel, l'esprit est en ébullition, tout est maladie et aussi guérison. Comment, de façon divine, mystique et inexplicable, le grand Autrichien, le remarquable petit d'enfant, est apparu dans la gloire.

Dire au revoir à trente-cinq ans, mais avec véhémence et détermination, il a gravé des symphonies dans nos mémoires et marqué à jamais l'histoire. Il y a tellement d'exemples vivants, de héros parfois oubliés qu'il faut en être conscient. Il y a encore ceux qui n'écoutent pas les symphonies de Beethoven, qui a commencé à entendre des bourdonnements, la tête qui pesait dans le seau de refroidissement ne convenait plus à son oreille.

Dieu sait pourquoi, même après la mort, vous pouvez encore entendre les gémissements, ces âmes étaient perdues. Mais dans l'art, elles ont trouvé un moyen de s'en sortir de leurs dilemmes souffrants.

Serait-ce cela ?

L'art serait-il une échappatoire secrète ? Avons-nous été trompés tout ce temps ? Faisaient-ils semblant de nous séduire ? Et si c'est vrai, qu'est-ce qu'ils en retirent ? Seraient-ce des agents qui hypnotisent, mais qui agonisent dans le noir, ou ils sont des bonnes sorcières, du fantasme ou du sortilège ?

Est-ce pour cela que l'Église catholique, à une époque un peu bucolique, appelait le "rire" le diable ? Mais on sait que même le roi, quand les choses n'allaient pas bien, demandait de la joie au bouffon de la cour, laissez-le faire quelque chose de drôle, puis se transformer en fumée, et le roi s'endormirait.

C'est la plus grande incongruité de vouloir analyser une science aussi complexe, étreinte et abandonnée. Large et complète, elle enchante toutes les catégories de personnes, qu'elles soient issues de la plèbe, c'est-à-dire du trône. L'art serait-il un esprit triste, qui insiste encore pour être heureux, et porte un cœur brisé en deux ?

Ou est-ce un doux élan, une chaussure sans lacet, une utopie et une rêverie ? Vous êtes-vous déjà arrêté pour observer le mouvement à l'intérieur d'un bar, où il y a de la musique live ? Un gars maigre et poilu jouant, ou un gros, un ténor imitant un diaphragme intrépide. Et à la fin de cette chanson, remarquant la réaction, il sourit un peu avec appréhension.

Les sifflets d'approbation éliminent la tension et font le bonheur du roi de l'improvisation. Répertoire répété, répond à certaines demandes de chansons qu'ils n'ont même pas répétées, enveloppées en anglais, une autre nuit et une autre fois, de la honte et des critiques auxquelles ils ont échappé. Ils rangent le piano et la guitare, boivent à la main et ramènent le pain à la maison. Mais ce pain non conventionnel est issu de la guerre intérieure. Ce pain, c'est le résultat de la bataille d'art de réveiller les gens pour la nécessité d'évaluer meilleur leur propres vies en utilisant l'art.

Cependant, l'incompréhension par rapport à ces gens est continue, parfois, depuis l'enfance où les futilités n'avaient pas leur place, et les parents qui pensaient que son enfant étudiait pour devenir un médecin ou ingénieur. C'est juste que personne n'imagine que le fils se cassera les sourcils en pratiquant la jonglerie, car dans la société moderne, qui gagne, c'est qui gouverne, le monde moderne pense que par rapport à des chiffres. Ainsi, personne dans la maison ne comprend comment l'abstrait et l'idyllique captivent l'esprit de l'enfant prodige. Qui à sa naissance faisait rêver la famille, aujourd'hui, il "s'humilie" presque, pour être reconnu.

Ça ne sert à rien d'essayer de comprendre, même l'artiste ne comprend pas vraiment les arguments qu'il défend. Ce n'est pas si simple. Seulement pour un autre artiste, cette manière de vivre à du sens.

Et ces deux-là parlent des digressions qui ergotent, ils guérissent, puis ils rentrent à la maison. Il y en a des millions dans le monde entier, certains heureux, d'autres frustrés, ils sont nos anges sans ailes. Normalement, les non-artistes disent en riant qu'ils préfèrent rationnels et réalistes.

Trop d'ignorance !

Cette réalité que critique la sensibilité n'a rien de réel. Cette façon de voir montre la méchanceté, dû à l'absence de solidarité et à une inhumanité sans pareille. Cet attachement à la propagande de la cruauté de la vie est le réflexe des gens blessés qui ne guérissent jamais. Lorsqu'on ouvre la bouche pour potentialiser cette méchanceté, le mal devient un but, ce qui rend impossible une analyse plus approfondie.

En effet, la force vient de l'union et de l'attachement à l'espoir. L'espoir ne s'engage pas à abandonner, ou à une trace d'arrogance. En fait, avoir des attentes est le carburant de la vie, même si cela n'a apparemment rien de substantiel. Ou n'apporte rien de concret ni de palpable sur le moment. En tout cas, il n'y a rien de visible pour convaincre ceux qui se méfient avant d'arriver et apprécient en train de se moquer ou qui sont plus inclinés à critiquer ce qui est encore en phase d'expérimentation.

Oui, l'art ne pas finir en soi, elle est toujours en développement et change tout temps.

Au fait, concret, concrétisé ?

Ces verbes ne correspondent pas à l'art, ça flotte. L'art, c'est un sentiment qui se transforme en larmes, elle lui tient la main et après lâche prise, car elle est indépendante, nous pensons qui nous l'avons choisie, mais c'est elle qui nous a choisi.

UNE AUTRE DIMENSION

Dans le monde, en dehors de cette dimension du toucher, l'artiste est le plus sensible, c'est lui qui voit le mieux.

En parlant de ce sujet "voir", qui ne s'est pas fait hérisser les poils avec les belles chansons de l'aveugle Andrea Bocelli ? Et qui n'a pas sauté dans le tram en écoutant le magicien Steve Wonder ?

Ray Charles et ses « blues », José Feliciano, (le guitariste portoricain) entre beaucoup d'autres, qu'ont-ils pu voir que le naturaliste ne voit pas ?

Peut-être ont-ils observé la même chose que Louis Armstrong, quand il a vu « le "merveilleux" ? Lui, il a vu le ciel bleu, alors qu'en fait, tout était sombre, noir. Il a parlé de jours bénis quand les jours étaient mauvais et que des vies ont été jetées à l'égout, dans la guerre de soixante-huit.

 Il disait que le monde était merveilleux, que les gens étaient bons et se complimentaient. Il a dit voir des bébés pleurer puis grandir, alors que la perspective était celle de la tristesse, de la mort et de la consternation. Était-il un idiot ou un être humain attentif et intelligent ?

Il a appelé les matins gris "merveilleux", alors qu'en fait, c'était un temps de la douleur et l'échec de l'âme, dans la fameuse guerre du Vietnam.

Ces gens sont plus que de simples êtres humains, ils sont angéliques, qui distraient les effrayés. Ils cachent les gens dans l'arrière-cour. Ils protègent les gens dans la grange de la foi et de l'espoir, dans l'étreinte, où ils peuvent protéger. L'art a le don d'esquiver le mal et de faire triompher le bien.

Pas tout de suite, mais avec le temps, avec patience, elle pratique l'improvisation, le don de subsistance. De continuer à se battre, sans se rendre, sans abandonner, les yeux trempés et la tête haute, sans demander pitié et clémence, l'art est l'expression la plus profonde de l'intelligence divine dans l'être humain.

Pour moi, la chose la plus grande et la plus forte, même si je n'ai pas l'air d'avoir de la chance, c'est ce beau néant. Qui dans ses aventures a fait rire les Grecs, les Mèdes et les Perses avec ce merveilleux cadeau. Sans doute, il est le plus intelligent, le plus viril contre le royal cruel, il n'accepte pas de laisser le fragile roi s'autodétruire avec son mal. Par l'art, le défaut, l'anomalie, le bouffon de cour, est le plus brave, le plus parfait, masque le laid et sort le visage découvert au grand jour.

La chanson semblait émouvoir même les murs qui étaient humides et transmettent la basse température. La musique s'arrêta et une jeune femme au visage coréen ou venue d'Orient, se mit à réciter un poème, il me sembla :

_"Vous les hommes qui pensez ou dites que je suis malveillant, têtu ou misanthrope, combien vous vous trompez sur mon compte. Vous ne connaissez pas la cause secrète de ce que vous croyez voir.

Depuis mon enfance, mon cœur et mon esprit étaient disposés à la bienveillance et à la bonne volonté, et j'ai toujours voulu accomplir de grandes choses. Mais considérez maintenant que pendant six ans, j'ai été un cas désespéré, aggravé par des médecins déraisonnables, trompée année après année dans l'espoir d'une amélioration, finalement contraint d'affronter la perspective d'une maladie durable dont la guérison prendra des années, voire impossible.

Né avec un tempérament fougueux et vif, sensible même aux dérives de la société, j'ai été contraint très tôt de m'isoler, de vivre dans la solitude. Quand parfois, j'essayais d'oublier tout cela, ô combien j'étais retenue par l'expérience doublement triste de ma mauvaise audition, et pourtant il m'était impossible de dire aux hommes de parler plus fort, de crier, car je suis sourde.

Oh ! Comment pourrais-je admettre une telle infirmité précisément dans le sens où elle devrait être plus parfaite en moi que chez les autres ? Un sens qu'un jour possédera dans sa plus haute perfection, une perfection telle que sûrement peu dans ma profession l'apprécient ou l'apprécient.

Oh ! Je ne peux pas le supporter, alors pardonne-moi si tu me vois reclus alors que j'aimerais me mêler à toi. Mon malheur est doublement douloureux, car il me conduira à être incompris.

Pour moi, il ne peut y avoir de récréation dans la société de mes semblables, de conversation raffinée, d'échange mutuel de pensées, que dans ce minimum qu'exigent les plus grands besoins, bien que je fasse parfois le chemin inverse, me complaisant dans mon penchant pour la société.

Mais quelle humiliation quand quelqu'un à côté de moi entend une flûte au loin et que je n'entends rien, ou que quelqu'un entend un berger chanter et de nouveau, je n'entends rien. De tels incidents m'ont amené au bord du désespoir, juste un peu plus longtemps et j'aurais mis fin à mes jours. Seul l'art me retenait.

Oh ! Il semblait impossible de quitter le monde avant d'avoir produit tout ce que je me sentais appelé à produire, et j'endure donc cette existence misérable — un corps vraiment misérable et excitable qu'une altération soudaine peut précipiter de meilleurs états à des états pires. Patience.

Ils disent que je dois choisir mon exécuteur testamentaire, je l'ai fait. J'espère que ma résolution tiendra bon jusqu'à ce qu'il plaise aux Parques de rompre le fil de la vie — peut-être que je m'améliore, peut-être pas, je suis prêt.

Forcé à 28 ans de devenir philosophe, ah ! Ce n'est pas facile, moins facile pour l'artiste que pour n'importe qui d'autre. Oh ! Être Divin, tu regardes au plus profond de mon âme, tu le sais, tu connais cet amour pour l'homme et le désir de faire le bien en y vivant.

Oh ! Hommes, quand vous lisez ces mots, considérez combien vous m'avez mal compris, et puisse l'infortuné se consoler et trouver un des siens qui, malgré tous les obstacles de la nature, a tout de même fait tout ce qui était en son pouvoir pour être accepté parmi les artistes et les hommes de valeur.

Vous, mes frères, Carl et [Johann] une fois que je serais mort, si le Dr. Schmid est toujours en vie, demandez-lui en mon nom de décrire ma maladie et joignez ce document à l'histoire de ma maladie afin que dans la mesure du possible au moins le monde se réconcilie avec moi après ma mort. En même temps, je vous déclare tous les deux héritiers de ma modeste fortune (si c'est ainsi qu'on peut l'appeler), partagez-la équitablement, prenez-en soin et aidez-vous les uns les autres. Quelle que soit l'injure que vous avez pu commettre contre moi, vous savez qu'elle est depuis longtemps pardonnée.

À vous, frère Carl, je suis particulièrement reconnaissant de l'affection que vous m'avez témoignée. Je souhaite que leur vie soit meilleure et moins nécessiteuse que la mienne. Recommandez la vertu à vos enfants, elle seule peut apporter le bonheur, pas l'argent. Je parle d'expérience, c'est la vertu qui m'a soutenu dans ma misère.

À elle, avec mon art, je dois le fait que je n'ai pas fini ma vie par un suicide. Adieu et aimez-vous. Je remercie tous mes amis, en particulier le prince Lichnowsky et le professeur Schmid. Je souhaite que les instruments du prince soient conservés par l'un de vous.

Mais qu'aucune discorde n'en résulte. Dès qu'ils peuvent mieux vous servir, vendez-les. Comme je serai heureux si je peux encore être utile sur ma tombe.

Avec joie, je me précipite vers la mort. S'il arrive avant que j'aie eu l'occasion de montrer toutes mes capacités artistiques, il sera venu trop tôt pour moi, malgré mon dur destin, et j'aurais probablement souhaité qu'il vienne plus tard — mais je suis quand même content, car, comme il arrive, ne me libérera-t-il pas de mon état de tourments sans fin ? Venez quand vous voulez, je vous rencontrerai avec audace.

Au revoir et ne m'oublie pas complètement quand je serai mort, je le mérite de toi, parce que plusieurs fois dans ma vie, j'ai pensé à toi et comment te rendre heureux.

Ainsi soit-il.

Ludwig van Beethoven."

Je n'ai découvert qui il était vraiment que lorsque la fille a lu son nom. Des applaudissements suivirent après la lecture, chose glaçante, la répétition de la pièce touchait à sa fin. Bientôt, les gens se préparaient à sortir, chacun ramassait son sac à dos et célébrait cette répétition comme s'il s'agissait de la présentation elle-même.

Je me suis précipité hors de devant de la salle et je suis repassé dans la rue de devant, j'ai vu des vélos quitter l'arrière, ils étaient les artistes, hommes et femmes jeunes, avec une expression de satisfaction et d'épanouissement personnel. Ils semblaient plus heureux que moi et que les autres qui étaient dans la rue ce soir-là.

La majestueuse maîtresse a été la dernière à partir, elle avait une moto violette. Elle est montée dans le véhicule et avant de partir, elle a jeté un regard profond et émouvant sur les escaliers d'entrée du théâtre, a mis son casque et est partie.

Cela m'a fait revenir en arrière et revoir les avis d'événements sur la porte, qui expliquaient tout.

Il y avait une affiche qui disait :

Grande pièce de théâtre "Sauvés par l'Art", ce samedi, 20h.

Comme ce jour-là, c'était un vendredi, c'était la dernière répétition et la présentation aurait lieu le lendemain. Ce qui m'a fait rapidement réfléchir à comment faire pour acquérir un billet. Ce n'était pas du tout facile, j'ai dépensé toutes mes économies, mais le jour suivant, j'étais là. Cette fois-ci mes sandales n'étaient pas torts. J'étais très bien habillé.

Les meilleures places s'étaient déjà vendues, il n'y avait des billets ni dans la galerie ni dans les premières rangées, donc j'étais content d'avoir cette opportunité d'être là, en fait, je me sentais très privilégié.

Exactement, à vingt heures, le plus beau spectacle de toute ma vie a commencé. Une belle voix, a salué le public derrière les rideaux :

_ Mesdames et Messieurs, bonsoir ! Bienvenue à la soirée théâtrale, je suis fier de vous présenter la pièce la plus profonde jamais jouée à ce théâtre, le véritable paradoxe de la vie d'un artiste. À partir de maintenant avec vous :

"SAUVÉS PAR L'ART"

Les gens applaudissent très fort.

LA BEAUTÉ

LA BEAUTÉ OUBLIÉE

Une fumée colorée a été libérée sur la scène, les lumières se sont éteintes et les rideaux se sont ouverts. En fait, ma première fois au théâtre, c'était une surprise indescriptible.

J'étais vraiment impressionné lorsqu'un magnifique piano est entré en scène, déjà dès l'ouverture du spectacle. J'ai réalisé que la répétition que j'avais regardée en cachette, n'était rien de plus qu'une partie d'un grand et indélébile cérémonial artistique.

Il avait un monsieur aux cheveux blonds bouclés, avec une pointe de gris et une courte barbe.

 La chanson "si demain ne vient jamais" est jouée. Pour faire comprendre, avec ses beaux accords, par rapport à la finitude de la vie. La chanson parle de l'angoisse de quelqu'un qui aime beaucoup une femme, mais qu'inquiet quant à savoir si l'être aimé connaît la dimension de l'amour. Cependant, les artistes ont placé la musique dans le contexte de l'art, parlant de la nécessité et de la précipitation à mettre les talents à profit de leurs dons, avant que vienne le jour où il n'existera plus demain.

Et ils avaient une telle façon d'interpréter les scènes que les enseignements étaient beaucoup plus perceptibles.

— Les doigts habiles du musicien expérimenté ont apporté une agitation unique. Ils ont parlé d'art, mais tout s'appliquait à la vie elle-même, à l'importance du but et de la perspective de faire du bien à l'autre et de le récupérer automatiquement. En fait, l'art, c'est aussi une méthode d'appeler à l'attention des gens qui étaient pris par les obligations de chaque jour, ont oublié de rechercher ou de revenir à la spiritualité.

Pendant que les danseurs dansaient et parlaient avec leurs corps, le ton des notes harmonieuses montait et l'émotion planait dans l'environnement.

Les plus vifs ont compris plus vite le message, en fait, les gestes du pianiste avec sa tête, ses yeux et ses lèvres. C'était une classe symphonique, il suffisait de regarder le visage de l'ancien homme et on pouvait déjà comprendre tout le message.

Les plus jeunes, cependant, prenaient leur temps, car ils étaient distraits par les couleurs et les formes physiques des âmes dansantes qui jouaient là.

Eh bien, ce scénario de distractions visuelles est très particulier aux jeunes dans la vie quotidienne — tout comme la réflexion — appartiennent aux plus matures.

La partie adaptée de la chanson que j'ai bloquée et j'ai supplié mes larmes de ne pas couler était comme ceci :

" Et si demain n'arrive jamais, toute la rancune que vous aviez, à quoi ça servait ? N'avez-vous pas perdu autant de temps à essayer de prouver que vous aviez raison, mais à vous faire du mal ? Qui sait, vous étiez censé être aussi sur scène aujourd'hui, mais votre décision de ne pas pardonner, vous a mis dans une prison émotionnelle. Cette amertume a tracé des labyrinthes pour vous, a semé la confusion, a détruit vos rêves et vous a fait abandonner. Vous avez laissé le beau, le merveilleux, pour vivre le trivial, le plus facile, le commun.

Résultat de la haine, de la fatigue et d'ennui, des choses qui n'affectent personne. Et si d'un coup vous ne vous réveillez plus, cela valait vraiment la peine de dépenser autant d'énergie à être rancunier ? Car si vous aviez pardonné, vous laviez son cœur et vous auriez sûrement mieux vécu.

__ La musique, c'était comme un poignard dans ma poitrine, dans le timbre parfait, il n'y avait pas moyen, j'ai pleuré comme un enfant qui aspire aux genoux de sa mère, sa poitrine.

En synchronisation avec le pianiste, une seule ballerine était devant et les autres chantaient, comme si elles demandaient à celle devant.

Alors que ferez-vous ?

La danseuse solitaire interprète quelqu'un avec un air de réflexion profonde, qui repense ses actions, sa vie et son comportement. Cette posture dure, implacable et irréductible, fondue comme du sucre sous la pluie. La perfection de la présentation était telle, que pas mal de gens fondent en larmes.

Quelque chose d'indélébile et d'incompréhensible s'y est passé. Les danseuses ne pleuraient pas comme les actrices, elles étaient vraiment surprises par la véracité des paroles de la chanson, et ce n'était que la première partie de la pièce. Cette invitation à réfléchir sur la vie m'a profondément.

 touchée, cette danseuse au premier plan, a trouvé un miroir en moi et en beaucoup de personnes têtues dans le public.

Avec intelligence, la musique a fait la confrontation avec la candeur. Oui, l'art peut guérir. Les rideaux se fermèrent rapidement. Je ne sais pas si c'est parce que le jeu était comme ça, ou s'il est sorti du contrôle des organisateurs, même si je vais opter pour la deuxième option. Quoi qu'il en soit, j'ai été saisi par l'anticipation et ému par le message.

Même avec les rideaux fermés, une musique jouait en fond sonore, désormais très faible, permettant d'entendre les commentaires surpris des personnes présentes dans la galerie, d'autres essuyant leurs larmes avec des mouchoirs, des couples s'enlacent et ressuscitant des vœux d'amour en plein théâtre.

Moi, à ce moment-là, j'ai cherché quelqu'un pour me serrer dans mes bras et je me suis sentie toute seule. Vous savez quand vous avez besoin d'un câlin ?

C'est ce que je ressentais, je m'aperçus que j'avais besoin urgent d'un changement dans mon parcours de vie. Il y a un "eurêka" dans la vie de chacun, un déclic de transition et de maturité, dû à un choc, une perte grave ou une prise de conscience de la vie. Il était temps pour moi de changer pour de bon.

La musique s'arrêta, les rideaux s'ouvrirent à nouveau et cette fois-ci, un homme apparu habillé en professeur et ceux qui jouaient avec lui avaient un crayon et papier à la main. Il a commencé à écrire au tableau et à expliquer des grandes profondeurs de la philosophie de Socrate et Platon, aussi des sciences sociales et sciences humaines.

Ceux qui agissaient ensemble commencèrent à se parler, laissant de côté les enseignements magistraux du professeur. Même si certains des étudiants présumés se sont battus les uns contre les autres, défendant l'enseignant et attirant l'attention sur l'importance de la connaissance de la vie.

Les deux groupes ont trouvé un écho dans le public. Dans un moment donné, le professeur s'est fatigué, il s'est irrité et, sans dire un mot de plus, a quitté la salle (scenario). Le rideau se ferma.

Derrière le rideau, le même monsieur changea de vêtements, il s'habilla cette fois-ci comme un général de l'armée et revint en scène.

Comme une première tentative pour se faire respecter, il montra son arme et son insigne — il brisa le tableau noir dont s'était servi le professeur — et se mit à parler et à donner des ordres d'un ton hautain, avec un visage loin d'être serein comme celui du professeur docile d'avant.

Une partie du public a laissé échapper cette expression "putain" de peur, les étudiants supplémentaires, certains étaient morts de peur, d'autres ont ri en secret et d'autres ont simplement regardé la rage militaire. Le général s'est lassé de parler et n'a obtenu aucune réponse ni l'attention qu'il souhaitait, il est sorti en menaçant d'arrêter les gens et en donnant l'ordre de fermer le rideau, ce qui s'est rapidement produit.

Les gens dans le public étaient étonnés, la pièce ne m'a pas seulement surpris, l'expectative augmentait à chaque mouvement.

Les étudiants étaient également assis en attente.

Quand soudain, les rideaux s'ouvrirent à nouveau et, le tintement de la cloche retentit à l'entrée d'une équipe catholique, c'était le prêtre et ses assistants avec un préambule à une messe. Les costumes étaient impressionnants et représentaient bien une vraie paroisse.

Le prêtre était le même qui faisait le maître et le général, cette fois-ci, il faisait l'homme de la paix, le porteur de la parole de Dieu. Cette fois, il réussit à attirer l'attention de tous, avec la peur et la pudeur propres à une église, il imposa sa voix et dit :

"Mes chers frères et amis de la foi catholique, aujourd'hui, nous sommes ici pour annoncer la parole de Dieu", et il a cité le texte de Jean 3:16 _"Car Dieu a tant aimé le monde qu'il a donné son fils unique, pour le sauver le monde de ses péchés.

Et cela simulait un réel sermon, au point que les gens ont commencé à répéter ces mantras de masse. "Amen et Amen, ainsi soit-il".

Il se mit à prier « Je vous salue Marie » et les gens répétèrent : "Sainte-Marie, mère de Dieu, priez pour nous, les pécheurs"

Un peu d'esprit militaire entra chez le prêtre et il commença à dire quelques vérités contre les erreurs, l'hypocrisie et la dégénérescence humaine. Et voilà, les mêmes personnes qui, au début idyllique de la messe fictive, avaient peur, ont commencé à se plaindre dans la galerie. Ils ont vraiment cru que ce qui se disait était réel, eh bien, le prêtre et toute l'équipe étaient d'excellents acteurs.

Les étudiants ont rejeté l'hôte de la messe, ils étaient aussi de merveilleux artistes. Toute la représentation du Vatican commençait à s'éloigner de la scène, mais le prêtre devait encore clore la présentation en bénissant le peuple :

Il parlait avec une voix douce, ne semblait pas être le même monsieur qui a parlé avant, il a mis un regard tendre et serein, il a fait un petit sourire.

On pourrait voir facilement sa joie avec le résultat de son travail, alors il a béni les gens :

Saints Apôtres Pierre et Paul de quorum puissant et nous avons confiance en leur autorité pour qu'ils intercèdent pour nous auprès du Seigneur.

Le peuple : Amen !

Par les prières et les mérites de la bienheureuse Marie toujours Vierge, du bienheureux Michel Archange, du bienheureux Jean-Baptiste, des saints Apôtres Pierre et Paul et de tous les saints, que Dieu Tout-Puissant ait pitié de vous, et après avoir pardonné tous vos péchés, que Jésus-Christ vous conduise à la vie éternelle. Le peuple : Amen !

Indulgence, absolution et rémission de tous vos péchés, espace pour une repentance vraie et fructueuse, un cœur toujours repentant et amélioration de la vie, grâce et consolation du

Saint-Esprit, et que le Seigneur tout-puissant et miséricordieux vous accorde la persévérance finale dans les bonnes œuvres.

Les gens : Amen.

Et que la bénédiction de Dieu Tout-Puissant, le Père et le Fils et le Saint-Esprit, descende sur vous et demeure pour toujours. Que les saints apôtres Pierre et Paul, que nous confions son autorité et pouvoir, qui eux prient pour nous : Amen.

Qu'à travers les prières et les mérites de la Très Sainte Vierge Marie, de Saint-Michel Archange, de Saint-Jean-Baptiste, des Saints Apôtres Pierre et Paul et de tous les saints, Dieu Tout-Puissant vous fait preuve de compassion, et (quand) tous vos péchés, Jésus-Christ vous conduit à la vie éternelle. Personnes : Amen.

Que le Seigneur tout-puissant et miséricordieux vous accorde l'indulgence, l'absolution et la rémission de tous vos péchés, l'espace pour un repentir vrai et fructueux, (même) le cœur toujours repentant, et la bénédiction de la vie, la grâce, la consolation du Saint-Esprit et la persévérance dans les bonnes œuvres.

Personnes : Amen.

Et que la bénédiction de Dieu Tout-Puissant, Père, Fils et Saint-Esprit descende sur vous et demeure pour toujours.

Personnes : Amen.

Certains ont hésité un peu, mais ils se sont rendu compte qu'ils étaient accros au talent et ont applaudi, d'autres ont dit amen, sifflé et applaudi. Personne ne savait plus ce que c'était le scénario ou la vie réelle, mais c'était trop intéressant pour moi.

Les rideaux se sont fermés et l'entourage chrétien a disparu derrière elle.

LES ÉCRANS

Puis un groupe de dessinateurs très talentueux est entré, qui a dessiné sur toile, avec un pinceau et avec une poudre colorée et brillante.

Sur une toile, ils dessinaient un poisson dans la mer, nageant librement, puis sur l'autre toile, j'ai dessiné un homme — et ils ont dessiné le même poisson dans l'aquarium et les ont mis l'un à côté de l'autre, de sorte qu'il y avait toujours un couple d'écrans, les gens regardaient avec étonnement.

L'autre paire de dessins était une toile qui peignait le ciel bleu, des arbres verts et un soleil illuminant, un bel oiseau volant au centre de la toile — un autre dessinait un homme — une cage et le même oiseau piégé à l'intérieur.

Une autre paire, une magnifique peinture de la jungle, de merveilleux éléphants avec leurs jeunes feuilles qui marchent et mangent — encore une fois la figure de l'homme — et un éléphant mort, avec les ivoires arrachés de son visage, c'était le plus choquant.

Il avait encore autre toile qui a été peinte et a illuminé la scène avec la lumière et les couleurs bleues et vertes d'un océan, ou il existait une île, mais encore une fois, un homme et, sur une autre toile, un océan incolore, sale, plein de détritus et d'animaux marins morts — cette fois-ci — l'homme est apparu en souriant — comme s'il ignorait tout.

Les concepteurs fabriquaient les écrans, les laissaient là sur le plateau et couraient derrière les rideaux.

Jusqu'à ce qu'une grande toile soit dressée, des hommes d'ethnies diverses étaient peints, Indiens, Asiatiques, bruns, noirs et blancs — dans une autre, les mêmes hommes apparaissent enchaînés, tous reliés au même endroit, une machine pleine d'argent. Et il avait le réservoir de carburant de la machine, qui c'était transparent, et on pouvait voir le liquide dedans. Il avait une voiture et son chauffeur descendit avec un tuyau pour remplir le réservoir de la machine. — Le carburant, c'était du sang humain.

J'ai été très étonné de la profondeur du message, cela se faisant sans même utiliser un mot. Puis un son d'espoir a émergé du fond, c'était le piano de ce monsieur qui a ouvert le spectacle.

Et vous vous souvenez du professeur, du prêtre et du général ? Voilà, il est revenu comme chef d'orchestre, avec cette baguette qui guide les saxophonistes, mais maintenant dans un autre but.

Le chef d'orchestre se plaça devant les paravents et agit, il va au premier couple de tableaux, celui avec le poisson et l'aquarium. Tandis que le pianiste augmentait le son guidé par la baguette, le dessinateur de toile revenait et peignait l'homme endormi, calme, avec un regard de conscience, sur l'autre toile, l'aquarium disparaissait, et les poissons retournaient à l'océan. Ensuite, le maestro est passé à la deuxième paire de toiles, l'oiseau et la cage.

Et il se dirigea avec véhémence vers la toile, tandis que le dessinateur refait sa peinture, cette fois l'homme pleurait, tandis que le dessin montrait la porte de la cage ouverte et l'oiseau s'envolant vers la liberté.

Ce fut un moment magique, les gens ne cachaient plus leurs émotions, réalisant à quel point ce cours sans paroles était une pure réalité. Puis le pianiste a changé la mélodie, puis une chanson triste et le dessinateur a fait signe qu'il n'y avait aucun moyen de changer ce qui s'était passé, le maestro a insisté pour diriger l'écran, mais l'éléphant n'avait aucun moyen de ressusciter.

Le décorateur a si bien mis en scène, allié au pianiste et au chef d'orchestre qui dirigeait, qu'une femme poussa un cri au milieu de la galerie, dans les larmes d'une désespérée, elle dit :

" C'est bon, nous avons compris !"

À ce moment-là, tous les dessinateurs sont entrés et l'anticipation a atteint son paroxysme avec la musique pleine de suspense de l'habile joueur. Étrangement, le maestro n'est pas allé jusqu'aux derniers écrans, ni l'océan ni la machine qui emprisonne les hommes.

Tous les dessinateurs ont placé leurs toiles les unes à côté des autres, jusqu'à former un grand panneau. Les paysages réalisés sur les toiles ont tous été effacés. La grande toile était très haute, alors ils ont apporté des échelles, des tables et les peintres sont montés pour faire la partie supérieure, un fond musical de suspense et de terreur.

Le tableau commençait par des nuages chargés de gris, le ciel couvert, des hirondelles effrayées, ce qui dénote des pluies torrentielles.

Dès que le ciel et les nuages d'orage se sont formés, en dessous, il a montré une ville côtière, de nombreuses personnes distraites devant leurs maisons, la mer agitée et une énorme vague, retournant les ordures jetées, l'eau de mer a inondé et couvert les maisons et les gens , la machine qui liait les hommes fut arraché par la force des eaux, mais les hommes ne furent pas libérés.

Des animaux marins morts flottent au centre de la ville désormais enveloppée. La cage, l'aquarium et les hommes, beaucoup d'hommes morts, flottaient.

Soudain, le son du suspense s'est calmé au fur et à mesure que les gens comprenaient. Le grand écran s'est éteint et un jardin de dessin de style Éden de la planète a été créé. Cependant, il n'y avait ni homme ni femme là-bas, juste la nature.

Le message était très clair. Les interprètes se sont éloignés de l'écran et la musique a changé. Cette fois-ci, ce n'étaient pas les partitions et les mélodies créées par l'homme, mais par la nature. Un silence de réflexion s'empara du théâtre et, tandis que le paysage paradisiaque hypnotisait, les sons de la nature gagnaient de l'espace dans l'acoustique de l'environnement.

On pouvait entendre les sons du chant des oiseaux, ces premiers jours de l'aube, amenant les gens à se synchroniser à nouveau avec la nature, laissant la vitesse de la vie quotidienne. D'autres sons qui étaient très clairs étaient les bruits de la mer, des vagues se brisant quelque part.

Bruits de chevaux, en somme, était une sorte de rétrospective délibérée, un retour à l'observation et à l'appréciation de la nature, de la vie.

Après quelques minutes de musique, de réflexion et de reconnaissance, les hommes démontent le scénario et l'applaudissent, cette fois-ci c'était énorme. La musique monte et les rideaux se ferment.

La tente de l'amour

Derrière le grand écran, une sorte de tente de l'amour, comme une maison de prostitution, a été installée. Lorsque l'écran a été démonté, il était là, un néon rougeoyant qui scintillait en rouge, la couleur de la passion.

Des rideaux et des tapis aux couleurs vives et un grand canapé au centre de la pièce. La musique de fond a changé et semblait plus gaie et irresponsable, typique de ces environnements, où l'esprit, en entrant, est enclin à se libérer et à profiter du moment.

Une femme, vêtue de vêtements sensuels, presque nue, apparaît du fond de la scène, un éventail à la main, assise sur le canapé. D'autres lumières ont été allumées, des lumières de fête, et la femme a commencé à faire une danse, un style de mouvement invitant à la copulation.

Mais on ne pouvait pas bien voir son visage à cause de la distance. Après avoir dansé, elle laissa tomber l'éventail sur le canapé, s'avança plus loin sur le devant de la scène et commença à parler :

"Salut les gars, certains d'entre vous ne me comprendront certainement pas.

Mais j'ai l'habitude et je ne souffrirai pas avec ça. Soit dit en passant, la souffrance n'est pas quelque chose de nouveau pour moi, ni en moi ni pour mon peuple. Moi, même en tant que fille, j'ai réalisé que j'étais différente. C'était facile, à la fois le bonheur et la tristesse des gens.

 J'aurais pu l'ignorer, et je n'aurais rien pu faire non plus. Mais je ne pouvais pas me contenir, l'idée dans mon esprit et la sensation dans ma poitrine. J'ai grandi et j'ai vu qu'au milieu de moi, personne ne pouvait ressentir.

J'ai commencé à raconter des histoires, des gens qui pleuraient et des gens qui souriaient. J'ai quitté la pensée standard, logique et sérieuse.

J'ai attiré les gens par la séduction, mon parfum et mon mystère. J'ai commencé au feu, au coin, au milieu de la rue. Pour attirer l'attention de la clientèle, j'ai changé de vêtements, j'étais presque nue. Alors même si j'ai vu l'amour dans le cœur de beaucoup. J'ai vu aussi de la tristesse, de la désolation, des gens vivants, mais morts. Des corps qui se sont approchés et ils m'ont utilisé sans voir ma lumière.

D'autres qui, en me voyant, ont couru, ont fait le signe de la croix. Je ne le nierai pas, j'ai ressenti du plaisir et je suis tombée amoureuse de ce que je faisais.

Pour moi, j'étais leur veilleuse ainsi que le soleil de midi. Chaude et dangereuse, docile et vénéneuse, j'ai fait pleurer de nombreux cœurs. Cependant, dans un autre prisme, j'ai beaucoup éveillé mon amour. Je ne vous raconterai pas toute ma vie ici, mais je voulais attirer votre attention. Lorsque les lumières se sont allumées, vous observerez ma situation. Ce sont les vêtements que vous avez vus, les danses que j'ai faites ici. Ce n'est pas très éloigné du métier d'actrice.

Qui colle au personnage, rend les autres et lui-même heureux ! Regardez ici mes rides, ma peau flasque et mon nez. Aujourd'hui, je suis un peu vieille, personne n'entre plus chez moi.

Ils s'éloignent de ma vie, depuis que ma beauté a poussé des ailes. En fait, je n'ai jamais cessé d'être belle, mais j'ai arrêté de parler au corps. Le problème est que parler à l'âme est entendu par peu. Je suis la même personne, mais les gens veulent de nouvelles choses.

Moi aussi, je n'ai plus la jeunesse, le parfum des roses. Et comme dans toutes les autres professions, je n'ai pas le droit de prendre ma retraite. Au fait, que se passe-t-il quand une prostituée vieillit ?

Qui sera attiré par moi ? Qui voudra de moi ?

Je suis devenu obsolète, archaïque et dépassé. Personne ne veut me réchauffer, m'écouter, m'embrasser. Il semble que la joie que cela a apportée, les larmes que j'ai séchées, n'étaient rien comme je l'imaginais.

Est-ce que je me trompe ?

Je me sens jeté dans le coin, échangé et abandonné. Est-ce que ce serait mieux si je ne faisais rien ? Aujourd'hui, je suis seul ici, avec les lumières et ce canapé. Je t'ai pour compagnie, j'espère que tu es là pour m'aider.

À cause des gens qui en profitent et qui vivent sans aucune idée, je suis déjà fatigué, ils blessent mon émotion. Je ne fais que suivre mon instinct et j'ai un cœur qui bat encore.

J'espère que vous me ramènerez à la maison, en fait, je me suis oubliée de me présenter : "enchantée, je m'appelle art."

Lorsqu'elle a mentionné son nom, il était clair que la perception que les artistes ont souvent la méprise et la banalisation du monde de la créativité et de la transmission de messages.

La voix de cette femme résonnait encore aux oreilles du public, alors qu'elle, avec un verre, buvait quelque chose assise sur le canapé. Une chanson triste et, ça repartait, chaque personnage, le tout validant le discours « usé » qu'utilisait la femme du bordel.

Tout d'abord, un homme habillé en prêtre, s'est approché du public, a baissé les yeux avec un air résigné, et est entré dans le bar impromptu, a embrassé la femme d'âge moyen et s'est assis à côté d'elle sur le canapé. Puis ce fut au tour du professeur, qui répéta l'interprétation à la Chaplin, sans dire un mot, en mimant.

Ainsi, les musiciens avec leurs instruments non joués, les yeux larmoyants, sont également entrés dans la hutte de l'amour. Des hommes en uniforme sont par ailleurs entrés, le canapé ne convient plus à personne, ils se sont étreints et étaient ensemble. C'était un abandon harmonieux au monde actualisé, cybernétique et irréel.

Intellectuels et militaires, impurs et clercs, se lancent dans le discours exalté des « victimes » de la vie.

La maison était pleine, il y avait de la boisson pour tous les goûts, mais la musique était triste et provoquait pleurs et dépression, rien d'encourageant. Le propriétaire de la pièce s'est levé du canapé et a fermé la tente en tirant le rideau, de sorte que la hutte était montée au centre de la scène, cependant, ce qui se passait à l'intérieur du camp n'était plus visible.

La musique triste se tut. Des costumes de robots sont apparus, maladroits et avec ce bruit typique lorsqu'ils sont présentés au public. Quelque chose de complètement plâtré, une voix métallique, ils portent un écran, comme ce vieux téléviseur de 14 pouces (environ 36 cm) sur le dessus, comme s'il s'agissait d'une tête. D'autres robots ont l'écran sur le ventre, mais un peu plus gros.

Sur les écrans, tout ce que vous n'avez pas sur scène est montré. Toutes sortes d'art, musique, humour, blagues, vidéos amusantes, beaucoup de divertissement.

Et, comme par magie, tout ce qui s'est passé avant a été rapidement oublié.

Les personnes sensibles au discours de la dame du feu rouge étaient désormais envoûtées par le spectacle de l'aluminium. Certaines personnes dans le public se sont disputées à cause des mains levées, car les écrans étaient petits, ce qui rendait un peu difficile de voir de loin.

Les robots imitent des danses de toutes sortes et tout le monde riait, ils imitent aussi des gestes humains. Tout ce qui était humain avait été caché derrière des rideaux ou dans la hutte mobile de l'amour. Les gens ont commencé à se rapprocher de la scène, au mépris total des lieux qui leur appartenaient depuis le début du spectacle.

 Certains ont voulu monter sur scène pour prendre des PHOTOGRAPHIES, mais ont été arrêtés par des agents de sécurité qui étaient aussi des robots.

Tout ce « théâtre d'acier », a éclipsé une chanson que j'entendais au loin, en arrière-plan, ça ressemblait trop aux chansons de la répétition du sous-sol. Mais les métaux ont incité les gens et cette chanson ne pouvait pas être entendue parfaitement.

LA VIEILLE GARDE

Quand l'équipe du spectacle pré rouille dominait tout. Un couple de personnes âgées lui vole la vedette. Lui, avec un chapeau de paille rond sur la tête, une chemise à manches longues pleine de couleurs et une canne puissante à la main.

Homme typique de la ferme, cigare allumée et beaucoup de fumée à dégager. Elle, ridée, il lui manque quelques dents, mais assez courageuse pour se battre au Vietnam. Vêtue d'une jupe conventionnelle, d'une chemise blanche et d'un collier religieux.

Ils sont montés sur scène, surprenant tout le monde, y compris les robots métalliques avec des tablettes sur le ventre et la tête.

Les gens étaient émerveillés, mais les rides parlent, l'expérience aussi. D'une voix rauque, apparemment habitué à chasser les bêtes sauvages hors de la ferme, il ramassa son fusil de chasse, non pour tirer, mais pour montrer qu'il savait ce qu'il voulait et qu'il était prêt à reprendre le terrain.

La volonté jaillit aussi des seins flasques de la vieille compagne. Ils ont crié :

— « Vous n'écoutez pas ?

Est-il possible que vous soyez plus sourd que nous ? Bande d'enfants de la dame de la cabane ! ”

Ils faisaient référence à la voix que j'avais aussi entendue. Mais les gens étaient vraiment obsédés par les robots et par la technologie. Inefficaces dans le discours, ils sont passés à l'action. Le vieil homme a pris la canne et, prononçant quelques jurons peu conventionnels, s'est transformé en lion qui fume un cigare.

Il a lancé une attaque contre les robots, avec sa vieille femme, qui essayait également d'utiliser une chaussure en bois et en cuir, une chose très lourde. Ils ont commencé à frapper les robots, cassant les écrans, ce qui a provoqué un court-circuit, faisant tomber les maladroits. Cela a exaspéré le public, en particulier les jeunes.

Eux, le public, voulaient attaquer les personnes âgées, ce qui a éveillé l'esprit d'autodéfense de l'ex-combattant. Ce dernier leva son fusil et se mit à parler :

« N'apprenez-vous pas, que ceux qui aiment vraiment, lâchent prise, ceux qui aiment n'opprime pas ? Pourquoi qu'avec la douce voix de la mère et les conseils du père ne marchent pas, que dans le canon du fusil, vous comprenez ?

Vous êtes mortellement distrait.

Vous êtes si pleins d'orgueil, si aveugles, que vous ne pouvez pas voir le mal. Je sais bien ce que je fais à ce moment-là, je l'ai fait exprès. Ouais, vous n'observez pas, ce que le professeur écrit avec la craie. Vous ne voyez pas le mal, même sous votre nez. Vous pensez que vous êtes libérés et heureux.

Vous pensez que la liberté est l'autodestruction, vous ne valorisez pas le passé, parce que vous ne savez pas ce qui va arriver. J'étais agité, pour quelque chose que j'ai entendu, c'était la seule raison qui m'ait fait monter ici.

Pendant que vous étiez ici, distrait par les hommes de fer. J'ai entendu le bruit de l'angoisse, de la prison, de l'enfer. Cela même si je sais qu'il y a de douleur et de sentiments. Ce que nous entendons apporte-t-il de l'amour et atténue-t-il la souffrance.

Voyez si vous pouvez maintenant entendre ce son venant de loin ?

Ce n'est pas le son de mon cor ou la voix de la prière du moine. Entendez-vous plus clairement cette chanson d'une rare beauté ?

Cela résonne avec brio, un peu de joie, un peu de tristesse. Cela appartient à tout le monde, la ferme, la plèbe, la royauté.

Il n'y a pas d'être humain qui échappe habilement à la douleur de la vie. La mort un moment donné va s'asseoir sur la table. Le problème est que vous vous êtes trompé tout le temps.

Avec quelque chose de nouveau, vous êtes déjà ravis. Ils (robots) ne sont pas comme notre peuple, ni comme la femme qui est à côté de moi, qui d'ailleurs, avant votre naissance, nous étions déjà ensemble.

Vous prétendez être libre, mais vous êtes facilement asservi. Écoutez la musique, arrêtez d'être distrait sans réfléchir, il y a beaucoup de beauté cachée, ne vous laissez pas empêcher. Ouvrez les yeux, il est encore temps, observez, aiguisez vos oreilles.

 La plus grande grâce n'est pas au sommet, sur le mur, ni dans la tour, ni dans le manoir. C'est dans l'amour, dans la restitution, dans le dépassement, dans la griffe, c'est dans les callosités de la main.

Il se peut que pour vous, cette chanson sonne étrangement. Mais c'est le son de la nature, de la synchronie et de l'union. De la suppression des incertitudes, de l'étreinte du frère. Qui donne, qui comprend, qui prend plaisir à prêter attention.

Il sait que le secret est là-dedans, derrière cette affliction. Il n'a pas de nom d'instrument, ni de cordes de guitare. C'est entre les lignes de la prose, du vers, de la chanson.

Ce pouvoir de la mélodie, qui fait soupirer le cœur. Se remplit à nouveau de joie et donne plus de souffle au poumon. Apporte cette nostalgie, fromage, café et pain. Viande séchée, lait de vache, comportement des piétons.

Il vient de la sécheresse, du lieu oublié, du désert. On ne sait pas d'où il vient avec certitude, dans un moment est loin, puis est proche.

Loin de toute frontière, du puits ou de la crête. C'est cette force nécessaire pour finir de gravir la pente. Il se cache, dans l'observation, de ceux qui ne sont pas pressés et l'esprit trop rapide.

De ceux qui ne veulent pas remplir le seau rapidement et qui n'ouvrent pas le robinet tout de suite.

Qui se régale à la bordée de la rivière, mais ne se baigne pas, se lave juste les pieds. Qui s'accroche à quelques saints, et qui ne perd jamais la foi.

Le secret est de se battre avec la logique, sans se moquer de la raison. L'art est partout, mais à ce moment-là, elle meurt au sous-sol.

Jusqu'à ce qu'elle soit bien soignée, avec un bain, du parfum et du talc. Être élevé à un rang digne, là, sur scène... »

Des larmes ont enveloppé le cœur du vieux poète...

C'était merveilleux, les gens ont applaudi.

Il était excité, a ouvert la cabane avec laquelle les artistes décrocheurs étaient rassemblés.

Et par une belle ironie, il a souligné que la maison regorgeait d'artistes, et a demandé à la patronne du cabaret si ce ne serait pas une bonne idée qu'elle reprenne ses activités.

Le couple descendit au sous-sol et libéra les autres artistes pour monter à l'étage.

La cabane a été enlevée et tous les interprètes se sont déplacés à l'arrière du rideau.

Puis le chœur musical que j'avais observé à la répétition s'éleva. Une équipe après l'autre, le spectacle continuait.

Il y avait un orchestre merveilleux qui a époustouflé le public avec les symphonies de Beethoven et la classe a investi tout le théâtre.

La galerie vibrait d'une musique qui était comme un médicament pour l'âme. C'était là toute une noblesse que je ne connaissais vraiment pas dans tout ce que j'avais vécu jusqu'à ce jour.

À chaque acrobatie que les artistes de cirque exécutent, s'enroulant dans ces cordes en tissu et jonglant sans ceinture de sécurité (obligatoire dans mon travail), je me suis frissonné de peur et d'émerveillement. J'ai appris que les artistes ont besoin de beaucoup de courage pour se produire, car une erreur peut être fatale.

Autrement dit, l'artiste vit aussi sur le fil du rasoir. Pas seulement parce qu'ils pourraient être rejetés par le public et devenir frustrés par un projet qui a pris beaucoup d'énergie et de temps. Mais aussi, en raison du risque pour leur intégrité physique, si par hasard une aventure n'aboutit pas ou s'il y a une défaillance du matériel.

Ainsi, il devient clair que le fait qu'un artiste soit intrinsèquement lié au bucolique, au poétique ou à l'idyllique ne signifie pas qu'il soit fragile ou émotif et fuit les dangers de la réalité de la vie.

En fait, ils produisent un remède homéopathique pour la vie, précisément parce qu'ils connaissent la cruauté et les dangers de la vie réelle. Ce qui fait d'eux des êtres plus éclairés que nous, du moins plus profonds en termes de compréhension de l'humanité et des défis de la vie ici sur ce plan. La réflexion est nécessaire, mais il est bien plus important d'avoir l'humilité de reconnaître qu'avec le temps, on devient adepte de l'éther et du sommeil. C'est notre évasion. Ils apportent simplement une autre proposition à travers l'art.

Nouvelle perspective

L'émotion et l'instruction artistique ont éveillé d'innombrables personnes. L'endroit était rempli de musique et de danse, violons, combinés avec les mimes d'un maestro. Des voix féminines et masculines faisaient vibrer, applaudir et pleurer. Ce fut l'un des meilleurs jours de ma vie, sans aucun doute.

En fait, pour beaucoup de gens, c'était le plus beau jour de leur vie. Un spectacle digne d'un enjeu de compréhension et de ré-signification de la vie.

Je suis moi-même parti de là avec une perspective différente, observant les choses sous un autre angle. Eh bien, je ne suis pas resté jusqu'à la fin, mais ce que j'y ai appris m'a suffi pour vivre encore cinquante-six ans. En sortant du théâtre, la nuit était plus lumineuse, beaucoup plus savante, beaucoup plus expérimentée.

C'était le nouveau venu me rencontrer. Moi qui ai déjà récolté "quelques janviers", je n'aurais jamais imaginé m'être trompé de toute ma vie. Quand je dis trompé, je ne veux pas dire pour les gens, mais pour moi-même, pour ma méthode d'analyse et mon interprétation de la vie.

Là, je renaissais, un flot d'énergie m'inondait et je voulais vivre plus, je me sentais comme un enfant, un adolescent. Imaginez, bientôt, moi, les cheveux gris, vouloir à nouveau la nuit, vouloir entendre la musique, danser les danses, faire pousser les cheveux, tresser.

Bienheureux sandales échangées, quelle joie et fierté d'être entré et continué dans ce théâtre. Derrière ces murs sculptés, il y avait le souffle, il y avait la guérison de l'amertume.

Ce vieux bâtiment, de construction ancienne, m'a causé des conflits, des confrontations, des apprentissages et des intrigues. Il m'a conduit au baptême humain, au catéchisme de la vie, au souper de la compréhension, à la résurrection du sacré, de l'innocent et du pur. Tout cela, sans avoir à remonter à cinq ou six ans. C'était moi l'adulte, apprenant à avoir la beauté et à goûter le caramel.

Il était le temps de la reconstruction intérieure et des réformes sans marteaux. Celui qui résiste, se rebelle pour se réfugier au château de lâche. C'est juste une façon de réagir, sans comprendre l'autoflagellation. Que l'humain mourant se rend quand il ne sait pas quoi dire.

C'est comme un vagabond qui n'a nulle part où se poser. Il ne voit pas les mirages, les sons et les images.

Qui vit comme les statues, dans les gares de voyage. Qui se tiennent là, vides de sens, sans courage.

Moi, non, je ne suis plus comme ça, j'ai découvert la partie la plus importante de la vie, la compréhension et l'empathie. Le véritable don du ciel qui, pour les autres, transforme la nuit sombre en jour clair.

J'ai cessé de me rendre, comme un soldat qui se rend. Comme la femme dans ce bar, dont le corps se vend toujours. J'ai décidé d'étudier et de vivre cette nouvelle discipline, qui nous aide à nous lever et à regarder là-haut. Rendez grâce pour le nouveau jour, pour l'homme, pour la fille, pour la peau blanchie, pour la petite mélanine.

Pour les rides, pour l'oxygène, même si mes mains sont faibles. J'avais encore beaucoup de force, ça devrait être la gratitude. C'était là l'ancien moi, en train de s'effondrer, sans me laisser la moindre nostalgie. Un autre visage ayant maintenant, guettant la subtilité. Des gens qui se promènent dans le centre-ville, avec des mensonges et des vérités.

Le mouvement diurne, des soldats, des bottes. À propos de la religion, des cérémonies, du prêtre et du vendeur de tamille.

Cette nouvelle dynamique passe par la maturité du cheveu. Cela ne se produit que lorsque la personne se voit dans un autre miroir. Pas celui de la chambre qui ne reflète que ce que nous voulons.

Mais celui qui valorise le chemin et applaudit les habitudes, comme dans mon cas, mon café. Je parle du miroir qui marche à côté de chacun de nous, sur le siège du train ou du métro. Qui est un collègue de travail, ou sur le banc de la salle d'attente en attendant le médecin.

Celui qui a une histoire à raconter, mais qu'aucune oreille n'a jamais entendue. Il apporte des blessures sans cicatrices, de l'irrespect, du mépris et des désagréments. Mais cette esquive de toute catastrophe insiste pour chanter l'amour. Ce miroir ne demande pas s'il y a quelqu'un de plus beau que nous.

Il affirme avec véhémence que l'autorité est sa voix. Quand on arrête de regarder notre colonne vertébrale, le cordon ombilical. Et observons l'autre partie, parfois même, juste là dans notre arrière-cour. Elle peut nous ouvrir un écran, nous soustraire à notre mal ambigu. Nous voyons le monde des autres, qui ne prétendent pas être virtuels, avec une douleur très sincère, la tragédie qui est réelle.

Il n'aurait plus de commentaires dans nos cirques d'horreurs. Ce désir de conquérir les cœurs, en leur présentant des peurs et des échecs. Alors, on valorise des choses qui étaient simples avant, un animal, une rivière, des fleurs.

 Nous découvrons que personne n'est à blâmer, et s'ils le sont, ils ne peuvent pas être nos maîtres. Depuis que nous sommes libérés, nous vivons de nouveaux amours. Que nous voyions maintenant différemment, nous sommes guéris et nous devenons médecins. Égaré de la passivité, de la canne de victime qui ne sert que de support.

Avec un comportement innovant, avant faible, il est actuellement fort. Nous voyons désormais dans la maladie, le temps de la réflexion. On admire la science, et on compare.

Et on arrive à regarder l'autre côté caché de l'angoisse et on voit là une chanson. On ne vit pas inerte, sans savoir comment intervenir.

En fait, depuis ce moment-là, sans salaire, ni applaudissements, on fait un don pour servir. Et si noble que nous devenons, nous ne nous tenons pas au rire ironique. Parce que cette maturité est arrivée et n'est pas l'âge qui porte le jugement.

Parler de ça paraît naïf ?

Qui peut encore jouer une âme, au feu rouge, sur la piste. Qui crie : viens m'écouter, ma richesse, c'est d'être artiste.

Qui de ce fléau a le courage de rire ? Qui a encore le courage de lire, d'écouter et d'applaudir ?

S'il y a au milieu de la foule, quelqu'un qui a encore un cœur, qui ne s'est pas rendu à ce monde d'illusion, où l'on appelle un ennemi qui devrait être un frère. Qui a le courage de parler maintenant ou de se taire, pas éternellement, qui ose parler maintenant, dire ce qu'il ressent, donner son interprétation.

Je ne savais plus ce qui se passait, si j'étais un artiste ou un simple spectateur. Je sais seulement que j'ai tout aimé, je suis allé à la mer, je me suis allongé sur le sable. Je me suis réveillé en regardant et en écoutant le bruit des vagues et des animaux marins.

Tout ce décor d'étoiles, la lune illuminant tout.

Je ne laissais pas parler les voix, j'étais terrifié, j'étais muet. Tout semblait conspirer pour le nouveau moi qui naissais là, qui pouvait déjà vibrer, dès l'aube.

En contemplant cette merveille implacable, quand mon rêve est né, mon âme était dans un nouveau tas.

PETIT MOT

À toi, cher ami, compagnon ou frère. Que vous avez été incompris, par don, par émotion. Je t'offre mon courage, mon épaule et mon attention. Dans ce conte, dans cette prose, dans les vers de ma chanson. Si tu blesses l'angoisse du début ou du milieu, ou de la fin.

Sachez que pour chaque artiste, un jour, c'était comme ça. Certains qui sont déjà partis, d'autres qui iront encore. Mais qui a connu une douleur tendre, une suffocation et une détresse. Pour convaincre les gens, il est difficile de comprendre. Que la langue que vous voulez enseigner, même, vous ne savez pas lire. Cette incongruité est folie, c'est incertitude, paradoxe.

Ce n'est ni la science exacte, ni le commerce, ni les affaires. Allez, relevez-vous, respirez et réessayez. Développez ce don, cette grâce est une belle chose. Prenez votre vieux piano et recommencez à jouer.

Nettoyez la poussière et accordez le ton, il y a encore des âmes à soigner. Ne t'éteins pas comme une bougie, qui ne s'est même pas éteinte et que le vent a soufflée. Racontez-nous votre histoire, comment tout a commencé. Qui sait, vous ne réveillerez peut-être pas beaucoup de ceux qui dorment encore sur cette route. Je vous dis ça parce que je sais qu'il n'y a pas toujours la chance comme moi si je n'avais pas sorti avec mes sandales changées.

Épilogue

Ce livre est un hommage pour tous les gens que j'ai connus dans ma vie artistique, ceux qui étaient passionnés par la musique, la photographie, la peinture, le cirque et l'art en général, mais qui n'ont pas abouti à leurs rêves. Ils sont encore vivants et je crois qu'il y aura toujours la possibilité de réaliser pendant la vie.

Parmi ces gens, je souligne le couple Santiago Astete et Gioia Figlioli, lui, Chilien, elle Italienne, les deux porteurs d'énorme talent musical et artistique. Ce sont les personnes qui m'ont aidé à aider les gens à retrouver la spiritualité lors de mon travail de toujours dans les églises de Genève et Yverdon durant les années de 2017 à 2020. Sans les deux et sans leur talent, il serait impossible de réaliser un tel travail avec la même intensité et efficacité.

Santiago m'apprit à regarder l'âme humaine et la passion artistique d'une façon plus approfondie. Et c'était à partir de sa dévotion musicale et compétences sociales que je me suis demandé pourquoi quelqu'un, avec la capacité qu'il a, ne devient pas reconnu dans le monde entier et je me suis plongé dans cet univers artistique et musical pour comprendre un peu mieux.

Et voilà, même si je suis aussi un artiste, vu que la littérature, c'est aussi l'art, je me suis surpris comment les gens se moquent ou ne valorisent pas ce que les artistes font. Chaque moment qu'ont vécu ensemble dans les églises, or étant chez les proches ou pendant les voyages qu'ont faits, Santiago m'a transmis la beauté et l'impact de la vie d'une artiste. Sa femme, Gioia et son garçon Calebe, ont fait partie de plusieurs jours heureux, mais aussi des jours tristes. Surtout les jours qui nous forcent à faire face à la réalité et l'incompréhension de la société vers eux.

En tout cas, cette beauté continue à développer en Italie, où ils vivent à ce jour. Ils sont au réseau social et ne laissent pas tomber leurs rêves. Et moi, en tant qu'ami et admirateur, je ne pourrais pas laisser passer cette opportunité de les remercier pour tout.

Ce qui est véritable, coule, se combine, arrive tout simplement, c'est automatique, est gratuit et inoubliable...

De l'ami de toujours, Sérgio Júnior

Livre écrit en janvier 2023, Noiraigue, Suisse.

FIN

À propos de l'auteur

Né à Salvador Bahia, Sergio Junior est un homme à l'âme hybride et à l'esprit proactif. Il communique d'une manière qui résout les conflits et amène à la réflexion. Excellent esprit analytique, il interagit avec l'interlocuteur de manière sereine et volontaire.

En octobre 2011, Sérgio a vécu une expérience de mort imminente (ravissement), qui lui a donné un nouveau sens à la vie sur ce plan.

Véritable conseiller, il écrit sur le comportement humain, l'intelligence émotionnelle et la psychologie analytique, a publié des livres en France, au Portugal et au Brésil. Il a fondé IEME (Igreja Evangélica Ministério Emanuel) en Suisse et travaille dans la sécurité de l'immigration, dans le même pays où il vit depuis 2011.

Pragmatique et poétique, il attire l'attention sur sa méthode d'écriture bionique, naturelle et spirituelle. En 2019, il remporte le concours de poésie « Psaumes Modernes III » de Boston aux États-Unis.

En 2020 et 2021, il a terminé deuxième du prix "Le meilleur du Brésil en Europe" en tant que meilleur écrivain brésilien. La cérémonie de remise des prix a eu lieu à Londres au palais de Kensington. Cette année de 2023, il participe au prix de meilleur écrivain brésilien au Palais du parlement en Angleterre. Son nom est parmi les trois finalistes. Sa façon de penser le monde est déjà connue des lecteurs sur les réseaux sociaux et dans les livres publiés.

Parmi les livres qu'il a écrits se trouve le magnifique ouvrage :

"J'étais à tes funérailles", publié au Paraná (Brésil) par la maison d'édition CRV, qui a donné à l'auteur une notoriété nationale. Le livre a été traduit en anglais et en français.

Récemment, il a sorti le livre " le Secret des Noirs Vainqueurs" qui aborde la lutte contre le racisme et élève l'estime des Noirs dans le monde. Il préside également un projet missionnaire social dans plusieurs districts de Nacala-Porto Mozambique.

Éditeurs où l'auteur publie :

Librinova - Bookelis - Amazon - Kobo

Sergio Junior (uiclap.bio)

Contacts:

00 21 + 41 78 731 38 21

Instagram.com/escritorsergiojunior

poderdesintese@protonmail.com

https://www.facebook.com/livrariasergiojunior/shop/

Remerciements

La gratitude est ma devise dans ma vie, c'est pourquoi je l'étends à mes lecteurs, amis et famille, pour leur soutien infatigable et motivant. À tous ceux qui, durant toutes ces années, ont été directement et indirectement une source d'inspiration dans cet autre pan de ma vie, artistique, sociale et culturelle.

Sentez-vous embrassé dans ce travail.

Sérgio Júnior

www.ingramcontent.com/pod-product-compliance
Lightning Source LLC
Chambersburg PA
CBHW070410220526
45467CB00001B/521